묵주 기도의 힘

The Power of the Rosary

The Power of the Rosary by Albert J. M. Shamon
Original Copyright ⓒ 1990 The Riehie Foundation

묵주 기도의 힘

1997년 8월 20일 교회 인가
1997년 10월 1일 초판 1쇄 펴냄
2012년 5월 11일 개정초판 1쇄 펴냄
2015년 3월 20일 개정초판 3쇄 펴냄

지은이 · 알버트 J. M. 섀몬 신부
옮긴이 · 송영준
펴낸이 · 염수정
펴낸곳 · 도서출판 으뜸사랑
편집 겸 인쇄인 · 홍성학
편집 / 디자인 · 고연희

본사 · 서울특별시 중구 중림로 27(중림동)
지사 · 경기도 고양시 일산동구 노첨길 65
등록 · 1998. 5. 20. 제2-2568호
전화 · 1544-1886(대) / 02-6365-1833(영업국)
지로번호 · 3000997

ISBN 978-89-97158-08-9 03230

값 5,000원

ⓒ 송영준, 1997

인터넷 가톨릭서점 www.catholicbook.kr
직영 매장: 명동대성당 (02)776-3601, 3602/ FAX (02)776-1019
　　　　　가톨릭회관 (02)777-2521/ FAX (02)777-2520
　　　　　서초동성당 (02)313-1886
　　　　　서울성모병원 (02)2258-6439, (02)534-1886/ FAX (02)392-9252
　　　　　분당요한성당 (031)707-4106
　　　　　절두산 (02)3141-1886/ FAX (02)3141-1886
　　　　　미주지사 (323)734-3383/ FAX (323)734-3380

가톨릭의 모든 도서와 성물을 '인터넷 가톨릭서점'에서 만나 보실 수 있습니다.

The Power of the Rosary
묵주 기도의 힘

알버트 J. M. 섀몬 지음 | 송영준 옮김

 **목차**

1장 묵주 기도와 미켈란젤로 …… 7

2장 생각하는 기도 …… 12

3장 분심 …… 29

4장 반복 …… 36

5장 개인이 체험한 묵주 기도의 힘 …… 40

6장 여러 국가들이 체험한 묵주 기도의 힘 …… 56

부록 묵주의 기도: 평화의 무기 …… 73

1장
묵주 기도와 미켈란젤로

　로마에 간다면 반드시 가 봐야 할 장소 중에 한 곳이 시스틴 성당이다. 얼마 전에 일본인 예술가들이 미켈란젤로의 위대한 벽화에 수백 년 동안 묻은 먼지와 얼룩을 청소했다. 청소가 다 끝난 지금, 이제 위대한 미켈란젤로의 천재성을 잘 감상할 수 있다.

　1) 성당 중앙 제단 바로 위 벽에 미켈란젤로는 '최후의 심판'을 그렸다. 이 작품은 1541년에 완성되었는데, 이때 교회에서 가장 위대한 공의회 중 하나인 1545년의 트렌토 공의회를 위한 준비가 진행되고 있었다.
　이 공의회는 종교개혁에 맞서기 위한 것이었다. 알다

시피 1517년, 마르틴 루터가 교리의 일부를 부정하면서 교회에 대항하여 반기를 들었다. 1530년대에 이러한 반란은 최고조에 달하여서, 공의회를 열기 위한 준비를 하게 되었다.

미켈란젤로는 매우 신심 깊은 열심한 신자였다. 그는 공의회를 교부들이 잘 준비하도록 '최후의 심판'을 그렸다. 실제로, 그 그림은 공의회의 주교들과 추기경들이 매우 진지하게 앞으로의 일에 임해야 한다고 말해 주고 있는데, 그 이유는 하느님이 이들 모두의 언행을 심판하실 것이기 때문이다.

미켈란젤로는 프로테스탄트 개혁가들이 도전하는 가톨릭 교회의 모든 교리를 그의 작품에 구체화했다.

개혁가들은 천주

의 어머니이신 성모 마리아께 드리는 공경과 신심을 부정했다. 그래서 미켈란젤로는 성모 마리아를 예수님의 오른쪽 자리에 위치하게 함으로써 공경을 표했다. 그리고 성모 마리아 바로 밑에, 커다란 묵주가 하늘로부터 내려오고 두 영혼이 그것을 잡고 하늘로 오르고 있다. 이런 식으로 위대한 천재는 자신과 르네상스 시대의 성모 마리아와 묵주 기도에 대한 신심을 반영하고 있다.

2) 이로부터 30년 후(1571), 터키의 술탄 셀림이 유럽을 침략했다. 셀림은 오스만 제국의 위대한 통치자인 술레이만 1세의 아들이다. 술레이만은 오스만 제국 역사상 가장 강력한 육군과 해군을 구축했다. 그는 현명한 사람이었고(술레이만은 '솔로몬'이란 뜻이다) 유럽을 공격하겠다는 생각을 하지 않았다. 하지만 그의 아들은 그만큼 현명하지 못했다. 셀림은 1566년에 권력을 이어받자 유럽 침략을 감행했다.

그러자 당시 베드로 교황좌에 즉위한 교황 성 비오 5세는 터키를 치기 위해 십자군을 소집했다. 그때 오스트리아의 돈 존, 스페인 사람들, 베네치아인들과 교회의 함대들, 소수의 사람들만이 호응을 했다. 3대 1 정도로 열세였다. 성 비오 5세는 도미니코 수도회 회원이었고, 도미니코회 회원들은 묵주 기도를 열심히 봉헌했다. 그래서 교황 성 비오 5세는 그리스도 군대를 돕기 위해 유럽에 묵주 기도 십자군을 요청했다. 1571년 10월 7일에 돈 존과 안드리아 도리아 휘하의 그리스도 군대는 그리스 해안 레판토 만에서 터키인들과 부딪혀서 기적적으로 승리를 거두었다. 돈 존은 무력이 아닌 기도를 무기로 하여 승리하였다고 고백했다.

이 승리에 감사를 드리고자, 10월 7일을 지극히 거룩한 로사리오의 축일로 설정하였다.

또한 이 위대한 도미니코회 교황인 비오 5세를 기리기 위해서 모든 후임 교황들은 도미니코회의 흰색 성직을 일상 복장으로 입는다.

파티마에서 성모 마리아는 마지막 발현일인 1917년 10월 13일에 거룩한 로사리오의 여왕으로 발현하셨다. 한 손에는 묵주를, 다른 손에는 스카풀라를 드셨다.

복되신 동정녀 마리아는 도미니코 성인에게, "묵주와 스카풀라를 통하여 나는 세상을 구할 것이다."라고 말씀하셨다.

2장
생각하는 기도

곱비 신부에게 1983년 10월 7일 로사리오 축일에 성모 마리아가 말씀하셨다.

사랑하는 자녀들아, 사탄과 그의 간교함과 위험한 유혹에 대항하고, 힘센 악의 세력과 대적하는 매일의 일상에서 주님의 천사들이 주는 도움과는 별도로 안전하고 강력한 무기를 사용할 필요가 있다. 너의 묵주 기도가 그 무기이다.

…… 기도는 큰 힘이 있어서 어떤 원자 폭탄보다 훨씬 강력한 좋은 연쇄 반응을 일으킨다.

내가 좋아하는 기도는 거룩한 묵주 기도이다. 그래서 발현할 때, 항상 묵주 기도를 하도록 요청하는 것이다. ……
(성모님께서 지극히 사랑하시는 당신 사제들에게 #275)

거룩한 묵주 기도가 왜 그처럼 효과적인가? 거기에는 여러 가지 이유가 있다.

첫째 이유는 묵주 기도는 생각하는 기도라는 데 있다.
나쁜 생각이 오늘날 우리 현실에 혼란을 가져왔다. 나쁜 생각은 프랑스 혁명을 움트게 했다. 볼테르(1694-1778), 루소(1712-1778), 디드로(Diderot 1713-1784)와 백과사전파들이 프랑스 혁명의 선조들이었는데, 이러한 몇몇 사람들은 하느님의 존재를 부정했다. 혹은, 하느님을 인정한다 해도, 하느님은 이 세상과 아무런 관계가 없다고 생각했다. 하느님은 시계 태엽을 감듯 세상을 감아 놓고는 그대로 놓아둔다는 것이다. 말하자면, 우리는 그저 우리 자신의 손에 놓여 있다는 것이다. 그래서 그들은 인간과 인간의 이성을 예찬했다. 그들의 도덕적 철학을 이신론(理神論)이라고 했고, 그들의 시대를 '계몽시대'라고 칭했다.

그 추종자들(프랑스 혁명론자들)은 그들의 논리적 결론으로 가르침을 전달하면서, 사제들과 수녀들을 살해하고, 교회를 약탈하고 더럽혔으며, 여러 성상들을 파괴했다. 심지어는 여배우인 마드모아젤 오브리안을 이성의 여신으로서 노트르담 대성당에서 왕위에 앉히기까지 했다.

18세기 이신론은 19세기의 합리주의를 태동시켰다. 19세기 합리주의는 20세기에 미국의 세속적인 박애주의와 러시아의 무신론적 공산주의를 태동시켰다. 러시아의 무정부주의자 크로포트킨은 프랑스 혁명을 "현재의 공산주의, 무정부주의와 사회주의 이론의 근원이고 기원"이라고 했다. 미하일 고르바초프는 소련의 생활 방식에는 프랑스 혁명의 정신이 현존한다고 분명히 말하였다(1987년 7월 17일자 월 스트리트 저널).

한마디로, 우리 시대의 도덕적인 해악과 오류들은 18세기에 프랑스에서 근거한 그릇된 사조에서 파생된 것이다. 그것이 19세기에 성모님의 발현이 프랑스에서 일어날 수밖에 없었던 이유이다. 천주의 모친이신 성모 마리아는 우리의 어머니이시다! 우리는 그분의 자녀들이다. 성모 마리아는 우리를 매우 사랑하시며 우리를 돌보신다. 자녀가 위험에 처했을 때, 그 아이의 어머니는 서둘러서 그 아이에게 간다. 성모 마리아는 프랑스에서 이신론과 무신론의 위험에 빠져 있는 당신의 자녀들을 보시고 서둘러서 문제의 핵심부인 프랑스로 가서 프랑스를 순회하셨다.

19세기와 20세기에 성모님의 발현

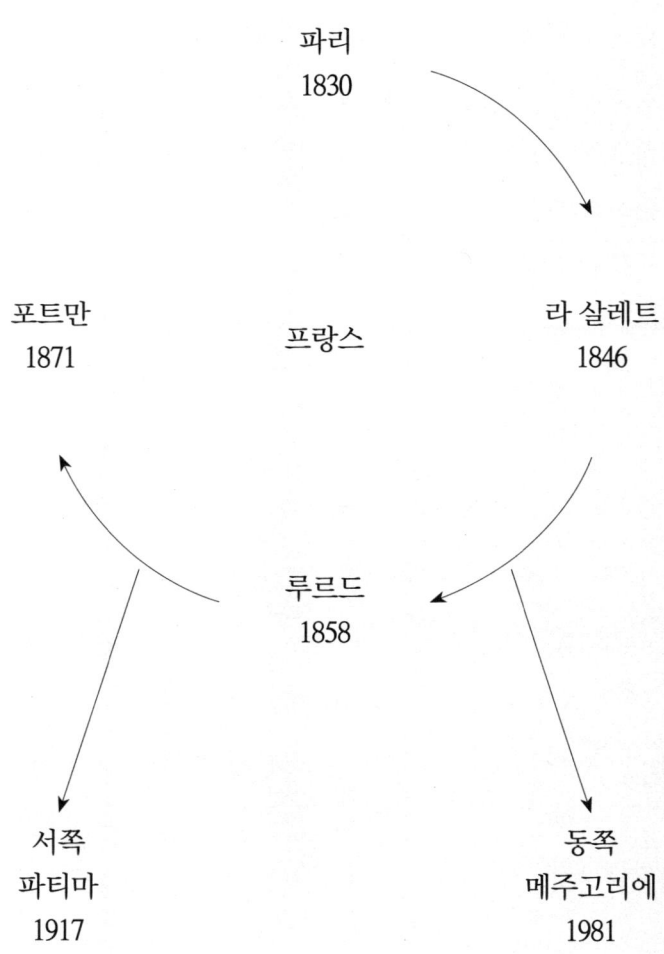

파리, 가타리나 라보레

성모 마리아는 프랑스의 수도 파리에서 첫 번째 행보를 시작하셨다. 1830년 7월 18일, 성모 마리아는 파리의 루 드 박 거리에 있는 수녀원의 가타리나 라보레 수녀에게 발현하셨다. 같은 달의 7월 혁명은 프랑스의 절대 왕정을 무너뜨리고 프랑스 혁명의 많은 원칙들을 복원시켰다. 교회는 한차례 더 심한 공격을 당했다.

그래서 같은 해 11월에 성모 마리아는 가타리나에게 나타나셔서, 모든 사람들에게 은총을 내리는 성모님을 묘사하고 있는 메달을 주셨다. 이 메달은 너무나도 많은 기적의 도구가 되어서 사람들은 그것을 '기적의 메달'이라고 부른다. 성모 마리아는 프랑스를 하느님께 돌아오게 하기 위해서 기적이 필요함을 아셨다.

라 살레트

아직도 프랑스는 하느님에게 돌아오지 않았다. 성모 마리아는 낙담하지 않으셨다. 파리로부터 시계 방향으로 움직여서 1846년 9월 19일에 프랑스 동서쪽의 라 살레트에서 두 어린이 멜라니(Melanie)와 맥시민(Maximin)에게 다시 발현하셨다. 거기서 성모 마리아는 눈물을 흘리셨다. 사람들이 거룩한 주일을 무시하고 아드님인 성자 그리스도의 이름을 함부로 남용하기 때문에 눈물을 흘리셨다. 성모 마리아는 당신이 말씀하신 대로 교회가 프랑스의 4분의 3을 잃게 될 것이고, 나머지 4분의 1은 냉담하게 될 것이라며 눈물을 흘리셨다. 자녀에게 불장난하지 말라고 말하는 어머니들처럼, 성모 마리아는 사람들이 하느님께로 돌아오지 않으면 끔찍한 기아가 발생할 것이라고 경고하셨다.

역사는 1848년을 '광란의 해'라고 한다. 1848년에 칼 마르크스는 공산당 선언을 작성했고, 교황 비오 9세는 로마에서 피신하여 일생 동안 가에타(Gaeta)에서 보냈다. 그의 비서인 드 로시(De Rossi)는 칼에 맞아 죽었다. 은퇴한 웰링턴은 런던의 폭동을 진압하라는 명을 받았고, 메테르니는 일생 동안 비엔나를 벗어나 피해 있어야 했다. 감자 기근이 닥쳐서 수백만 명의 목숨을 앗아갔고, 아일랜드인들과 독일인들은 떼 지어서 미국으로 이주해 갔다.

루르드

성모 마리아의 기적들과 눈물은 사람들에게 거의 효과가 없었다. 그래서 성모 마리아는 이어서 1858년 2월 11일에 남부 프랑스로 가셨다. 거기서 베르나데타 소비로스라는 어린 소녀에게 프랑스를 구하는 데 필요한 2가지를 밝히셨다. 회개와 묵주 기도가 그것이다. 하지만 그렇게 간단한 요청도 프랑스에서 아무런 반응을 불러일으키지 못했다. 그래서 프랑스-프러시아 전쟁이 1871년에 시작되었다. 비스마르크의 강력한 군사력은 프랑스 군대를 굴복시켰다. 파리는 점령당했고, 승리한 독일은 프랑스 점령을 계획하면서 서쪽으로 영국 해협까지 휩쓸었다.

포트만

 그러나 프랑스의 서쪽에는 열렬한 가톨릭 신앙으로 널리 알려진 노르만 민족과 브리튼 민족의 소작농들이 살고 있었다. 그들은 이 위기 중에 성모 마리아에게 되돌아갔다. 성모 마리아는 1871년 1월 17일에 파리에서 서쪽으로 약 180마일 떨어진 포트만에서 4명의 아이들에게 발현하셨다. 아이들은 저마다 묵주 기도를 드렸다. 그리고 아이들은 묵주 기도를 드릴 때마다 성모 마리아의 모습이 커진다고 보고했다. 성모 마리아는 그들의 기도를 격려하시며, "기도하라, 나의 자녀들아, 하느님은 머지 않아 너희의 기도를 들어주실 것이다. 내 아들이 마음을 움직이기로 했다."라고 말씀하셨다. 그들은 성모 마리아의 요청대로 묵주 기도를 드렸다. 그러자 마치 마법처럼 독일 군대의 서쪽을 향한 진군이 멈춰졌다. 그리고 10일이 채 안 된 1871년 1월 28일에 휴전 협정이 조인되었다. 성모 마리아의 중재에 감사하여 프랑스 민족은 포트만에 성모 마리아 대성당을 건립하였다.

 포트만 발현 시, 성모 마리아는 43개의 별들에 둘러 싸

여서 나타나셨다. 성모 마리아는 함께 행동하여 하느님께로 돌아가도록 43년이라는 세월을 프랑스에 주신 것이다. 그럼에도 불구하고, 프랑스는 점점 더 하느님으로부터 멀어져 갔다. 학교들은 세속화되어 가고, 심지어 교회의 모든 재산을 국유화하려고 시도했다. 방향키에 주의를 기울이지 않는 사람은 암초에 주의해야 한다. 1871년부터 43년 후는 1914년이다. 그해에 1차 대전이 시작되었다.

3년간의 이 끔찍한 전쟁에서, 프랑스 혁명은 러시아에 볼셰비키 혁명을 태동시켰다. 1917년 4월 16일에 알렉산더 케렌스키는 로마노프 왕정을 전복시키고 이제까지 알려진 바로는 유일한 민주 정부를 수립하였다. 그러나 케렌스키는 독일과의 전쟁을 계속하려는 터무니없는 실수를 저질렀다. 따라서 루덴도르프 장군은 볼셰비키 세력을 러시아로 파견했다. 그들 중에는 레닌, 트로츠키와 스탈린이 포함되어 있었다. 1917년 11월 7일에 이들은 러시아의 민주 정권을 전복시켰다. 케렌스키는 오스트리아로 도망쳤고, 무신론적 공산주의가 세계적인 공격을 이행할 수 있는 공급원을 얻게 되었다.

파티마

1917년, 그 운명의 달인 4월에서 11월 사이에 성모 마리아는 프랑스를 떠나서 1917년 5월 13일 성모 성월부터 10월 13일 묵주 기도 성월까지 서쪽의 포르투갈 파티마에서 발현하셨다. 6번의 발현 때마다, 매번 성모 마리아는 인류에게 세계적 해악을 끼치는 무신론적 공산주의에 대항하는 해독제를 주셨는데, 이름하여 묵주의 기도이다! 사실상 10월의 마지막 발현에서 성모 마리아는 거룩한 묵주의 여왕으로 나타나셨다.

성모 마리아는 "묵주의 기도를 매일 드려라." 하고 요청하셨다. 하지만 다시 사람들은 그 말씀을 귀담아 듣지 않았다.

그래서 제2차 세계 대전이 일어났다.

메주고리에

이 끔찍한 전쟁 이후에도, 세상은 하느님의 뜻 안에 있을 때 평화를 찾을 수 있다는 것을 깨닫지 못했다. 그래서 세상이 핵 파멸의 길로 거침없이 움직여 가고 있기에, 성모님은 한 차례 더 발현하셨다. 성모님의 마지막 발현이다. 이번에 성모님은 동쪽으로 가셔서 유고의 메주고리에서 1981년 6월 24일에 발현을 시작하셨다. 9년 동안(1990년 현재) 성모 마리아는 6명의 아이들에게 발현하셨다. 성모 마리아의 메시지의 긴급함을 강조하기 위함인 듯, 4명의 아이들에게는 매일 발현하셨다. 항상 그러하듯이, 성모 마리아는 하느님께로 돌아올 것을 호소하시는데, 특히 기도-묵주 기도를 통하여 하느님께로 오라고 말씀하신다. 오로지 지금 우리에게 부탁하시는 것은 매일 묵주 기도 15단을 드리는 것이다.[역자주 1)]

묵주 기도

왜 묵주 기도에 대해 이렇게나 강조할까? 우리의 어머

역자주 1) 이 때는 '빛의 신비'가 없었다. '빛의 신비'는 요한 바오로 2세 교황님이 2002년 10월 16일에 반포하신 '교서' [동정 마리아의 묵주기도](Rosarium Virginis Marie)에서 추가하셨다.

니이신 사려 깊은 성모 마리아는 우리가 생각하는 대로 행동함을 잘 안다. 신념이 행동에 앞서는 것이다. 성모 마리아는 우리가 생각을 올바로 하고 현대의 많은 오류들에 대항하는 데 있어서 매일 묵주 기도의 신비들을 묵상하는 것 이상의 좋은 방법이 없음을 잘 안다.

묵주 기도는 좋은 생각이다. 묵주 기도는 신앙의 위대한 4가지 진리로 이끌어 준다.

1. 묵주 기도의 환희의 신비는 신앙의 첫 번째 위대한 진리를 가르쳐 준다. 즉, 삶과 신앙은 기쁜 것임을 의미한다.

그런데 많은 사람들이 그렇게 생각하지 않는다. 흔히 사람들은 그 반대로 생각한다. 조지 엘리엇은 그 당시의 성직자를 가리켜서, "과거의 유품에서나 볼 수 있는 장엄함을 지닌 창백한 얼굴"이라고 묘사했다. 참으로 어처구니없는 말이다.

환희의 신비는 바로 그 정반대의 것을 가르쳐 준다. 우리에게 삶은 환희, 바로 기쁨임을 상기시켜 준다. 종교도 환희에 찬 것임을 상기시켜 준다. 하느님은 우리를 행복하라고 창조하셨음을 상기시켜 준다. 그것이 하느님께서 지상의 첫 번째 인간을 에덴동산에 있게 하신 이유이다. 바오로 사도는 사랑하는 필리피 교우들에게 촉구하지 않았던가. "주님 안에서 늘 기뻐하십시오. 거듭 말합니다. 기뻐하십시오."(필리 4,4)

그러나 훨씬 더 좋은 것은, 환희의 신비는 우리가 어떻게 그 환희를 얻을 것인가를 말해 준다는 것이다. 즉, 성모님과 요셉이 하셨듯이, 엘리사벳과 즈카르야가 했듯이, 안나와 시몬이 한 것처럼, 목자들과 동방박사들이 한 것처럼 하느님의 뜻을 따라 행하면 환희를 얻을 수 있다.

2. 묵주 기도의 고통의 신비는 신앙의 두 번째 위대한 진리를 가르쳐 준다. 즉, 죄란 이 세상의 삶을 눈물의 골짜기로 만든다는 것이다.

고통의 신비는 하느님의 뜻이 아니라 인간의 의지대로 했을 경우에 죄는 슬픔의 길이라는 것을 가르친다. 사람들은 얼마나 그것을 깨닫지 못하는가! 예를 들어 젊은이들은 종종 술, 마약, 섹스가 행복의 길이라고 생각한다. 하느님의 방법이 아니라 우리의 방법으로 사는 것은 고통과 불행의 길이 된다.

3. 묵주 기도의 영광의 신비는 신앙의 세 번째 위대한 진실을 가르쳐 준다. 즉, 삶의 목적은 이 세상 너머에 목표가 있다는 것이다.

그리스도인들에게 있어서 삶은 윤회적인 것이 아니다. 삶은 윤회 속에서 순환하는 것이 아니다. 우리는 이교도들처럼 순환하는 삶을 살아가는 것이 아니다. 바로 그런 이유 때문에 이교도들이 지루해하고 권태로워 하고 자살하는 것이다. 목적 없는 활동은 미친 짓일 수 있다. 핀이 서 있지 않는 레인에서 볼링을 하는 것은 아무런 재미가 없다. 하지만 핀을 세워놓고 그 핀을 향해 볼링공을 던지면, 재미있는 게임이 된다.

그리스도인들에게 있어서 삶은 명확하다. 우리는 어느 곳인가로 가고 있는 중이다. 하늘 나라 혹은 지옥으로 가고 있는 것이다.

영광의 신비는 우리의 운명이 하늘 나라임을 강조한다. 그것은 이 세상을 뛰어 넘는 영광스러운 삶이다.

4. 묵주 기도의 15단은 신앙의 네 번째 위대한 진실을 가르친다. 즉, 성화는 우리 모두를 위해 꼭 필요하다는 것과 마땅히 우리가 도달할 수 있는 것임을 알려 준다.

15단 전체는 평범한 모든 사람들이 성모 마리아와 요셉 성인처럼, 하느님을 사랑하는 마음에서 일상의 평범한 일을 함으로써 거룩함(성화)에 도달할 수 있음을 가르쳐 준다.

세상이 볼 때, 성 요셉과 성모 마리아는 단지 평범한 사람에 지나지 않았다. 예수님이 감동적인 말씀으로 동료 마을 사람들을 두려워하게 했을 때, 사람들은 "이 사람은 요셉의 아들이 아닌가?"라고 물었다(루카 4,22). - 이는 예수님이 평범한 목수라는 말이다. 예수님이 천상의 빵이라는 말씀을 하셨을 때, 사람들은 또 다시 예수님이 평범한 시골 출신이라는 배경을 들어 항변했다. "이 사람은 요셉의 아들 예수가 아닌가? 우리가 그의 아버지와 어머니를 알지 않는가?"(요한 6,42) 평범한 사람! 하느님은 우리가 평범한 사람 이상이 되기를 원하지 않으신다. 단지 그리스도에게 집중하는 선한 사람이 되기를 원하신다.

묵주 기도는 이러한 진리에 대해서 생각하도록 만든다. 그리고 그 생각이 행동을 이끌어내고 사람들의 사고는 그들이 생각하는 바에 따라 만들어지는 법이라서, 성모 마리아는 우리가 주님의 삶의 신비를 나날이 생각할 수 없다면 변화될 수 없다는 것을 아신다. 따라서 묵주 기도를 하도록 열렬히 요청하시는 것이다. 성모 마리아는 혁명을 요청하시는 것이 아니다. (그것은 구조만을 바꿀 뿐이다.) 구조의 변화는 아무것도 변화시킬 수 없기 때문이다. 프랑스 왕정이 전복되어서 더 나은 국가가 된 것은 아니다. 공산주의를 위하여 로마노프 왕조와 케렌스키 정부가 몰락한 것이 러시아에 도움이 된 것은 아니다. 카스트로를 위한 바티스타 정권의 몰락이 쿠바를 구하지 못했다. 성모 마리아가 추구하시는 것, 그리고 교회와 복음이 추구하는 것은 쇄신이다. 쇄신은 마음의 변화를 뜻한다.

이것이 성모 마리아가 묵주 기도를 요청하는 이유인데, 묵주 기도는 마음을 새롭게 하고 사람을 변화시키기 때문이다. 그리고 사람들이 변하면, 사회가 변할 것이다.

3장
분심

　보통 묵주 기도에 접근하기 어렵게 만드는 것은 묵주 기도를 생각하는 기도라고 여기기 때문이다. "나는 생각하는 것이 싫다." 혹은 "나는 각각의 신비에 집중 할 수 없다. 마음이 산만해져서 묵주 기도를 그만하게 된다."라고 말하는 사람들이 있다.

　여기서 문제는 묵주 기도의 신비들을 논리적으로 생각하려고 한다는 것이다. 우리는 각 신비에서 교훈을 얻으려고 너무 깊이 몰두한다. 그러나 그 방법보다 이냐시오의 묵상법으로 묵주 기도의 신비들을 고요한 마음으로 음미하면 된다. 이냐시오 성인은 온갖 종류의 교훈을 끄집어내서 자신의 삶에 적용시키려 하지 말고 주님의 삶의 장면들을 단지 바라보기만 하라고 말했다. TV 연속물을 시청하듯이 그냥 거기에 있으면 된다. 교훈과 묵상 내용이 저절로 다가올 것이다.

친구와 함께 극장에서 영화를 본 후, 영화가 어땠었냐고 친구가 물은 적이 있지 않은가? 여러분은 그에 대답하기 위해 무의식적으로 그 영화를 분석한다. 의식조차 못한다 해도, 여러분은 단지 영화를 바라봄으로써 그 장면에 대한 결론을 이끌어 낸다.

묵주 기도도 마찬가지이다. 성모님과 함께 10번의 성모송을 하면서 그분의 삶의 장면들을 바라만 보라. 영화를 보는 것처럼 바라보는 것 외에 아무것도 하지 않아도 여러분들에게 무엇인가를 말하기 시작할 것이다. 여러분이 장면들을 바라보는 동안에, 하느님은 여러분의 마음속에서 활동하신다.

어느 날 나는 영광의 신비를 드리면서 영광의 신비 2단인 예수님의 승천을 생각하고 있었다. 예수님이 승천하실 때에 제자들이 성모님과 함께 남겨진 장면에 대해서 생각했고, 11명의 평범한 사도들이 어떻게 세상을 변화시킬 수 있었는지 궁금해졌다.

그때 불현듯이 루르드, 파티마와 메주고리에에서 아이들에게 발현하신 성모님에 대해서 생각하기 시작했다. 그들은 단지 아이들에 불과했지만 수천만 명의 사람들에게 영향을 끼치고 있다는 생각이 들었다. 메주고리에에서 이미 영향을 받은 사람은 천오백만 명이라는 생각이 들었다.

그러니 사도들은 예수님을 뵈었을 뿐 아니라 예수님과 여러 해 동안 생활하였으니, 예수님의 승천 이후 15년 넘게 천주의 모친이신 성모님과 함께 지냈으니, 얼마나 더 큰 영향을 받았을까 하는 생각을 할 수 있었다. 와! 더 생각을 하기도 전에, 나는 세 번째 신비를 시작하고 있었다.

지난해(1989), 나는 코네티컷의 퍼트남에서 있었던 사제 피정에 참여했고, 아일린 조지 여사가 피정을 지도했다. 아일린 여사는 여덟 자녀들의 어머니이고, 말기 암 환자이다. 그녀는 매우 평범한 사람이고, 그녀가 '아빠'라고 부르는 하느님 아버지로부터 많은 은총을 받은 사람이다.

피정에 대한 홍보를 별로 하지 않은 덕에, 단지 11명의 사제만이 피정에 참가하고 있었다. 우리에게 있어 피정은 휴식이었다. 매일 저녁 마지막 회의 이후에, 우리는 간단한 간식을 먹기 위해 카페로 내려가서 아일린을 중심으로 둘러앉아서 성부, 성자, 성령에 대하여, 하늘 나라, 지옥, 연옥에 대하여, 미사, 사제 생활, 교회와 세상에 선과 악에 대하여 온갖 종류의 질문을 하였다. 그녀는 매우 친절했다. 그녀는 사랑하는 자녀들을 대하듯 어머니처럼 우리와 대화했다. 그리고 삼위일체에 대한 놀라운 체험을 우리와 나누어서, 우리의 믿음을 강하게 해 주었고, 교회와 사제 생활에 대한 사랑과 감사를 깊이 느끼도록 해 주었다.

어느 날 저녁 짧은 모임 후에 나는 묵주 기도 15단을 하기 위해서 성당으로 갔다. 우리에게 성령을 보내심을 묵상하는 영광의 신비 3단에 들어갈 때, 나는 아일린을 중심으로 한 소규모의 사제들이 마치 성모님 주변의 사도들과 같다는 생각을 했다. 아일린이 보다 큰 사랑과 이해로 우리 사제들을 격려하는 것처럼, 훨씬 깊이 있는 폭으로 성모님은 사도들에게 같은 역할을 하셨음에 틀림없다. 성모님은 참으로 교회의 어머니이시고, 모든 사제들의 생활에서 중심적인 역할을 하심이 분명해졌다.

또 한번은 고통의 신비 1단에 대해 생각하고 있었을 때이다. 나는 예수님이 11명의 사도들과 최후의 만찬 장소를 떠나서 키드론 골짜기의 겟세마니 동산에 오르시는 모습을 상상했다. 그때쯤에 나는 국세청에 세금을 환불받기 위해서 가야 할 약속을 생각하고 있었다. 세금을 어떤 식으로 삭감받는다 해도, 그것은 겁나고 불편한 느낌을 준다. 그러니 저절로 예수님이 겟세마니 동산에 오르실 때 감정이 어떠하셨을까 하고 생각되었다. 예수님은 고통과 모욕의 표적이 되어 끔찍한 죽음을 직면하시게 될 것이었다. 내 앞에 닥친 국세청에서의 면담 생각으로, 나는 어느 정도 예수님이 겪으셔야만 했던 감정들을 공감할 수 있었다.

그때 또 하나의 생각이 저절로 일어났다. 예수님께서 무엇을 하고 계셨는지 보자. 그분은 기도하시기 위해서 동산에 오르고 계셨다. 기도하는 것! 바로 이것이 예수님이 맞서야 할 상황에 대처하시는 방법이었다. 그러고 나서 나는 인생에 닥치는 모든 시련들을 기도로 어떻게 대처할까를 생각했다. 주님의 사람을 묵상하는 이러한 신비는 문제에 부딪힐 때 항상 기도하리라는 결심을 확고하게 해 주었다.

또 한번은 환희의 신비 2단 '마리아가 엘리사벳을 찾아보심'을 묵상하고 있을 때, 구원사업에서의 여성의 역할에 대해 생각하고 있었다. 문득 하느님의 비밀 안에 있었던 첫 번째 사람들은 여성들이었다는 생각이 떠올랐다. 성모님과 엘리사벳이 그 여인들이다. 요셉과 즈카르야는 밖에서 바라보는 입장이었다. 여성들이 남성들을 이끌었다. 나는 어떤 사제에게 이에 대해 말하면서, 그 누가 교회에서 여성들을 2등 시민이라고 말할 수 있겠느냐고 했다. 그러자 재치 있는 그 사제는 "마리아와 엘리사벳의 태중에 있던 아기들도 모두 남자였지요."라고 농담을 했다.

아무튼, 내가 의도하는 바를 이해하기 바란다. 느긋하게 성모님의 삶의 모습들을 바라보기만 해도 결코 기대하지 않았던 결실을 거둘 것이다. 우리의 눈에 하느님께서 식견을 주실 것이다.

10번의 성모송은 주님의 삶을 바라보는 동안에 흐르는 배경 음악과 같다. 배경 음악은 우리가 독서하거나 일할 때 우리에게 도움이 된다. 그러한 배경 음악에 주의를 기울이지 않아도, 그것은 우리에게 도움이 된다. 그러므로 성모송을 드릴 때, 성모송에 그다지 많이 집중하지 않아도 된다. 성모송은 우리가 주님의 삶을 잘 묵상하도록 도와주는 배경 음악이기 때문이다.

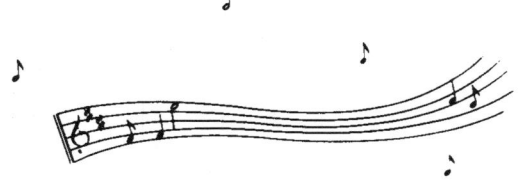

4장
반복

 어떤 사람들은 묵주 기도가 너무 반복적이라서 묵주 기도를 바치기 싫어한다.

 심리학자들은 계속적으로 같은 형식을 반복하는 것은 진정 효과가 있다고 말한다. 리듬 있는 반복은 마음을 안정시켜 준다. 그래서 수를 세는 것 - 리듬 있는 수의 반복 - 이 자장가 역할을 하여 잠에 빠지게 한다. 바느질 - 리듬 있는 행동 - 은 제1차 세계 대전에서 폭탄 소리에 충격 받은 군인들을 위해서 사용되던 한 가지 요법이다. 묵주 기도 - 성모송 50번의 리듬 있는 반복 - 는 마음을 진정시켜서 고요하게 해 주고, 마음을 자유롭게 하여 각각의 신비를 묵상할 수 있게 해 준다.

언젠가 한 젊은 여자가 풀턴 J. 쉰 대주교에게 같은 말을 반복해서 말하는 사람은 진지한 사람이 아니기 때문에 자신은 묵주 기도를 하지 않는다고 말하였다. 대주교는 그에게 약혼했느냐고 질문하였다. 그녀는 약혼했다고 대답하였다.

"당신의 약혼자는 당신을 사랑합니까?"
"물론입니다."
"어떻게 알 수 있습니까?"
"그 사람이 그렇게 말하니까요."
"그가 한 번만 그런 말을 하던가요?"
"물론 아닙니다."
"두 번 말하던가요?"
"아니요, 사랑한다고 수백 번 말했습니다."
"저런, 나라면 그와 결혼하지 않을 것입니다. 같은 말을 여러 번 반복하는 그런 사람은 진지한 사람이 아니니까요."

사람들이 사랑에 빠질 때, 그들은 단 한 번이 아니라 수백 번 반복해서 그렇다고 말한다.

진실로, 반복은 사랑의 언어이다. 반복은 지루함을 만들어 내지 않는다. 사실 반복은 안정을 만들어 내고, 안정은 재확인을 하며, 미래에 있을 충격에 대항하여 완충 역할도 한다. 어머니가 자녀에게 "사랑한다."라고 말할 때, 아이는 다시 그 말을 듣고 싶어 한다.

단조로움이 사라지는 것은 계속적인 변화가 있을 때가 아니라 그것에 대한 집중, 진지함 그리고 목표가 있을 때이다. 골프가 단지 공을 치기만 하는 것이라면 지루한 일이 되어 버린다. 하지만 골프에는 목적이 있다. 골프 코스가 있고 겨냥하는 우승컵이 있어서 멋진 게임이 되는 것이다.

인생의 가장 본질적인 기능은 반복하는 데 있다. 먹기를 반복하고, 잠자기를 반복하고, 일을 반복하고, 사랑을 반복한다. 이처럼 묵주 기도는 반복적인 사랑의 언어이다.

다음의 뉴스는 로체스터 민주당원 신문(1954년 1월 24일자)에서 발췌한 것이다.

"한 여인의 편지와 추신"

뉴욕 – 연합 통신: 한국 전쟁 중에 투옥된 애인에게 2년 동안 400통의 편지에서 "나는 당신을 사랑합니다."라는 말만 반복해서 중국 공산당을 당황케 만든 한 여성이 어제 두 개의 단어로 된 추신을 새로 덧붙였다.

그녀는 "정말 그렇습니다."라는 말을 덧붙인 것이다.

21살의 테레사 맥도널드와 22살의 상병인 래팅건은 브루클린에 있는 14명의 거룩한 순교자 성당에서 결혼을 했다.

약 500명의 하객들이 그 결혼식의 증인이 되었고, 그들은 오랫동안 행복하게 살았다. 두 연인은 1950년 성탄절에 약혼식을 올렸는데, 몇 달 후에 래팅건은 제2보병 사단과 함께 한국 전쟁에 참가하기 위해 한국으로 떠났다. 그는 1951년 5월에 포로가 되었고, 지난해에 석방됐다. 그는 투옥 기간 중에 "나는 당신을 사랑합니다."라는 편지를 계속해서 받았다. 편지 중에 검열에 걸린 것은 한 통도 없었다.

"그 편지들은 중국인들을 의아하게 만들었지만, 나는 전혀 의아하지 않았습니다. 내가 듣고 싶은 말은 그 말뿐이었고, 테레사는 그것을 알고 있었습니다."라고 래팅건은 말했다.

5장
개인이 체험한 묵주 기도의 힘

1. 로베르타 페넥은 시간제(part-time) x-선 기술자이고 4명의 자녀의 어머니다. 그녀는 '여느 날과 다름없는 하루'라는 표제의 칼럼을 썼다. '묵주 기도를 드리면 긴밀한 유대가 형성된다'라는 제목의 기사를 쓴 적이 있는데, 그것은 피톤 신부의 슬로건인 '함께 기도드리는 가족은 한마음이 된다'를 또 다른 방법으로 표현한 것이다. 기사는 다음과 같이 시작된다.

오늘 밤, 8살 된 딸 로라와 나는 서로 다른 일을 하고 있었다. 우리는 묵주 기도를 함께 드렸다. 참으로 놀라웠다! 오후 7:35-7:55까지 우리는 영광의 신비를 기도했고, 참으로 영광스러웠다! 기도를 하는 도중 한 순간에 우리는 앉아서 서로를 보며 미소를 지었다. 우리에게 미소가 계속 떠오르고 또 떠올랐다. 우리의 마음은 융화되었다.

이틀이 지나고 …… 로라와 나는 삼일을 연속해서 기도드렸다. 기도는 우리를 긴밀하게 연결 시켜 주었다. 나는 이 시간을 감사드리고 즐긴다. ……

기도를 하면 우리의 현재를 보다 잘 인식하게 만든다. 우리가 행하는(말하고, 먹고, 마시고, 생각하고, 글을 쓰는) 모든 것은 우리의 미래에 얼마간의 작은 영향을 끼친다. 작은 결정들도 큰 결정만큼 중요한 결정일 수 있다. 기도는 우리의 생각을 이끌도록 도와준다. ……

오늘날의 가족은 유대를 굳건히 할 필요가 있다. 로베르타는 묵주 기도가 유대감을 높인다고 말한다.

성모님은 가족 묵주 기도를 요청하시는데, 그 이유는 묵주 기도가 가족을 가족으로 유지시켜 주기 때문이다.

2. 나는 낙태에 맞서 로사리오 십자군을 추진하고 있다. 1989년 5월에 한 여인이 이러한 편지를 보냈다.

사랑하는 섀몬 신부님,

하느님께서 묵주 기도를 '설교하시는' 신부님을 축복하시길 바랍니다! 이러한 강력한 기도가 많은 질병을 치유하기 위해 필요하고, 낙태를 반대하기 위해 성모님의 이러한 무기를 사용하는 것이 참으로 놀랍다고 생각합니다.

묵주 기도는 15년 만에 저를 거룩한 성사로 돌아오게 해 주었습니다. 묵주 기도가 저의 유다인 남편을 회개하게 만들었습니다. 그는 지금은 고인이 되었지만, 저는 정말 감사드립니다. 그는 '유다인의 어머니'이신 성모님을 사랑했습니다. 그리고 그것은 진정 기적적인 회개였습니다.

묵주 기도는 10년 만에 제 자매를 성사로 돌아오게 했습니다.

성모님은 주님의 삶을 묵상하는 묵주 기도를 통하여 우리를 예수님께 인도하고 고해 성사와 성체 성사를 통하여 화해하도록 이끄십니다.

태어나지도 않은 아기 살해에 맞서는 우리의 무기라는 신부님의 말씀에 동의합니다. …… 그래서 하느님의 도우심으로 낙태에 맞서는 신부님의 십자군대를 위하여 일주일에 15단씩 기도하겠습니다.

하느님이 축복하시기를 빕니다.

3. 온타리오 호수가 내려다보이는 도시 소더스 포인트에는 유서 깊은 가톨릭교회가 있다. 뉴욕 로체스터의 초대 주교인 버나드 J. 맥퀘이드 주교는 그 성당을 '리마의 성녀 로사 성당'으로 명명했는데, 이는 자신의 재산과 건물을 가톨릭교회로 사용하도록 기부한 로즈 루미스(1844-1900)를 기리기 위해서이다.

로즈 루미스는 21살 때 가톨릭에 입교했다. 새로 알게 된 신앙에 대한 열정으로, 그녀는 성공회 사제인 윌리엄 P. 솔트를 개종시켰다. 그는 사제가 되었고 뉴아크 교구의 총대리이자 시톤 홀 대학교의 학장이 되었다. 로즈는 수녀가 되고 싶었지만 건강이 나빠서 수녀가 되지 못했다. 그래서 캐나다에 있는 '성심회 모임(Society of the Sacred Heart)'에서 수도생활 서약을 하고 준회원이 되었다. 그녀는 자신의 재산과 삶을 가난하고 혜택을 받지 못하는 사람들을 위해서 봉사하는 데 사용했다.

로즈는 묵주 기도를 대단히 사랑했다. 공적으로 매일 오후 3시에 묵주 기도를 드렸다. 그녀의 삶에는 묵주 기도의 힘으로 일어난 일들이 많다. 그녀는 이리 호수에 있는 도버 항의 작은 마을에 성당과 상주 사제가 생기기를 바라면서 10년 동안 매일 묵주 기도를 드렸다. 그리고 모든 사람들이 생각지도 못했던 일이 일어났다. 도버에 성당이 세워지고 사제가 상주하게 된 것이다.

로즈는 캐나다뿐만 아니라 노스캐롤라이나의 헨더슨빌을 본부로 하여 남부에서도 일을 했다.

어느 일요일 오후, 그 지역의 의사가 로즈를 찾아와서 블루리지 산에서 죽어 가는 한 환자를 위해서 신부를 보내 줄 것을 요청했다. 그 의사는 결핵을 퇴치하기 위해 남부에서 온 뉴잉글랜드 출신의 가난한 사람이었다.

일요일이었기 때문에, 로즈는 마리온 신부가 애쉬빌의 자택에 있으리라는 것을 알았다. 다른 날이었더라면 그와 연락이 닿을 가능성이 없었다. 왜냐하면 마리온 신부는 140마일 밖에 사는 교우들을 방문하기 위해서 말을 타고 다니기 때문이다. 하지만 일요일이었기에 로즈는 애쉬빌로 전보를 쳤고, 다행히 마리온 신부가 전보를 받았다. 마리온 신부는 다음날 기차로 헨더슨빌에 도착하였고, 높은 지대의 길을 잘 아는 멕케나 씨와 함께 즉시 산으로 출발했다.

　의사가 소나무 가지로 목적지까지 안내하는 표시를 해 두었다. 수 마일을 간 후, 그들은 주 도로를 벗어나 느리게 산 위를 오르기 시작했다. 그들은 관목 아래 거의 파묻혀 있는 소나무 가지들을 따라 산의 협곡을 지나 아무도 살지 않는 듯한 외딴 오두막까지 곧장 기어 내려갔다. 그들이 뜰로 들어가서 문을 열었지만, 어디에서도 사람의 흔적이 보이지 않았다. - 문이 반쯤 열린 방 안에는 정리가 안 된 침대 2개가 있을 뿐이었다. 마리온 신부는 '그 사람이 죽어서 모두 묘지로 간 것이 틀림없다.'고 생각했다.

　그러나 마리온 신부는 다른 방으로 들어가더니 탄성을 질렀다. "천주님이 이 불쌍한 사람을 도우시는구나. 여기에 그가 있다!"

　그 가여운 사람은 너무나도 쇠약해서 그 야윈 얼굴을 뒤덮는 파리 떼도 쫓아 버리지 못한 채 무기력하게 고통받으면서 누워 있었다. 죽어 가던 사람은 사제를 알아보고 희미하게 환영의 미소를 지으면서 올려다봤다.

　"제게 오실 줄 알았습니다, 신부님." 그는 흐느끼면서 말했지만, 이제 마지막 성사를 받을 수 있음에 만족해했다. 마리온 신부가 그에게 죽음을 각오하고 있는지를 물었을 때, 그는 가까스로 몸을 일으키며 "신부님, 이제 그만 가고 싶습니다."라고 말했다. 신부님은 해질녘까지 머물다가 밤을 지내기 위해서 마지못해 트라이온으로 떠났다.

다음날 아침, 전령이 때마침 와서 그 환자가 간밤에 임종했음을 알려 주어서, 마리온 신부는 애쉬시빌행 기차를 탈 수 없었다. 그는 장례를 치르기 위해 말을 빌려서 서둘러 산으로 되돌아갔다. 정오에 도착하였다. 몇몇 남자들이 오두막 앞에서 거닐고 있다가, 더위에 지치고 먼지를 뒤집어쓴 사제가 말에서 내리는 것을 호기심어린 눈으로 바라보았다. 한 여자가 거칠지만 진지한 자세로 다가와 신부를 맞았다. "말을 헛간에 두세요, 제가 건초를 줄게요." 그러고 나서 저녁 식사를 하도록 오두막으로 초대했고, 마리온 신부는 가족과 함께 식탁에 앉았다.

저녁 식사 후 그들은 공손하고 경건하게, 마치 고인이 가족이라도 되는 듯이 고인에게 안내했다. 고인은 가장 좋은 옷을 입고 있었다. 마리온 신부는 매우 감동을 받았다. 왜냐하면 일가친척이 없는 사람의 시신은 그냥 매장

해 버리고, 그의 소유물도 다 태워 버리는 것이 관행이었기 때문이다.

여인이 고인의 낡은 가죽 가방을 가져왔다. 가방은 거의 비어 있었는데, 다 헤어진 성 프란시스코 드 살이 쓴 책 한 권과 몇 가지 잡동사니가 있었다. 신부는 그 물건을 모두 그 가족에게 주었다.

"고인이 매우 아끼던 시곗줄이 있는 것으로 봐서 시계가 있어야 하는데 없어요. 시계를 찾아보았지만 아무리 찾아도 찾을 수가 없습니다."라고 여인이 걱정스럽게 말했다.

"그 시곗줄을 보여 주십시오." 마리온 신부가 말했다.

여인은 느리고 진지하게 다른 방으로 가서 상자를 갖고 와서는 조심스럽게 열었다. 마리온 신부는 보잘것없고, 헤어지고, 검게 변한 시곗줄을 내려다보았다. 그것은 고인의 묵주였다! 사제의 진지한 모습을 보고 여인은 "고인은 그것을 매우 아꼈습니다."라고 반복해서 말했다. 신부님은 경건하게 묵주를 들었다.

"우리는 고인과 함께 이것을 매장할 것입니다."

"예." 그 여인은 다시금 반복했다. "그는 그것을 매우 아꼈습니다."

그들은 함께 고인에게 갔고, 그 여인은 묵주를 시곗줄인 양 그에게 걸어 주었다.

이 이야기를 들었을 때 나는 얼마나 감동받았는지 말로 다할 수 없다. 그것은 천주의 모후께서 묵주를 사랑하는 자녀들을 돕기 위해 얼마나 멀리까지 가시는지를 보여 준 사건이었다.

'묵주 기도를 매우 사랑한' 그 고인은 "천주의 성모 마리아님, 이제와 저희 죽을 때에 저희 죄인을 위하여 빌어 주소서."라고 무수히 많이 기도했다. 그리고 성모 마리아는 그 기도를 들어주셨다. 성모 마리아는 그의 임종 시에 성자 그리스도께서 그에게 임하시도록 기도하셨다. 얼마나 놀라운 은총인가!

로즈 루미스가 임종을 맞이하는 순간을, 그녀의 전기 작가 델리아 그리슨은 다음과 기록했다. "그녀의 마지막 순간을 기쁘게 한 것은 바로 묵주였습니다. 묵주는 항상 그녀 곁에 있어서, 혼자 있을 때나, 운전을 하거나 혹은 산책할 때 묵주 기도를 드렸고, 사람들은 그녀의 손가락

사이에 부드럽게 쥐어져 있거나 조용히 움직이는 묵주를 볼 수 있었다. 그녀는 항상 기도드렸다. ……"

4. 어느 날, 의사 카를로스 핀라이는 저녁 늦게 귀가했다. 그는 지쳤고 졸렸지만 그날의 묵주 기도를 아직 드리지 않았다는 생각을 했다. 그는 매일 묵주 기도를 드렸다. 그래서 그는 마음에서 우러나오는 묵주 기도를 드리기 시작했다. 그런데 모기 한 마리가 그의 머리 주위를 집요하게 날아다니면서 집중을 못하게 했다.

그때 갑자기 성모님에게서 영감을 받은 듯 어떤 생각이 떠올랐다. 그것은 모기가 황달과 말라리아의 전염원일 수 있다는 생각이었고, 이 사실은 그를 유명하게 만들었다. 그는 이 이론에 집중해서 사실임을 증명했다. 이로써 말라리아에 대한 답을 구하기 위한 수많은 과학자들의 오랜 노력과 연구에 종지부를 찍었다. 그리고 파나마 운하를 완공할 수 있는 기반을 닦았다.

5. 오스트리아의 위대한 작곡가 프란츠 하이든은 그를 추종하는 사람들에게 말했다. "작곡을 하던 중 더 이상

영감을 얻을 수 없었습니다. 그래서 묵주를 꺼내서 기도를 드리기 시작했습니다. 그러자 곧 마음이 너무도 많은 멜로디로 가득 차서 그 중의 일부 밖에 악보에 옮겨 적지 못하였습니다."

6. 가난한 이들에게 영적 물질적인 도움을 주는 성 빈첸시오 아 바오로 회(The St. Vincent de Paul Society)의 설립자인 프레드릭 오자남은 젊었을 때는 신자가 아니었다. 어느 날 그가 파리의 한 성당에 들어갔다. 제대 앞에서 묵주 기도를 드리고 있는 나이 지긋한 노인 외에는 텅 비어 있었다. 그는 이 사람을 더 가까이에서 보기 위해 다가갔고, 묵주 기도를 드리는 사람이 바로 그의 교수 암페어라는 것을 알았다.

암페어는 위대한 수학자였고 전기-역학을 만들어서 전신을 보내는 여러 수단들을 발명한 물리학자였다. 오자남은 암페어가 묵주 기도를 열심히 드리는 것을 보고 암페어가 따르는 종교가 참 종교임을 확신하게 됐다.

이후, 가톨릭으로 개종한 오자남은 "암페어가 묵주 기도를 하는 모습이 여타의 책들이나 강론보다 제게 더 많은 영향을 끼쳤습니다."라고 말하곤 했다. 오자남은 이제 곧 시복될 예정이다(1997년에 시복되었다).

7. 메리놀 수도회의 주교 제임스 E. 월시는 베네딕토회의 폴 R. 밀드 신부에게 보내는 편지에서 중국의 감옥에서 묵주 기도가 얼마나 그를 지탱해 주고 위로해 주었는지를 묘사했다.

"12년간의 수감기간 동안 가장 위로가 된 것은 묵주 기도였습니다. 갖고 있는 종교 서적들도 없었고 전혀 구할 수도 없어서, 미사를 드린다거나 성무일도를 하는 것도 불가능했습니다."

"수감생활에서는 모든 물자가 부족합니다. 숨 쉴 수 있는 공기와 응시할 수 있는 벽 외에는 손에 넣을 수 있는 것이 없는 우울한 상황입니다. 갈 곳이 없고, 할 일도 없고…! 기대할 것이라고는 끝없이 이어지는 단조로움밖에 없습니다. 이런 상황에서 무엇을 할 수 있을까요? 오랜 습관에서 나의 대답은 즉각적이고 자동적이었습니다. 당연히 묵주 기도를 하는 것이었습니다. 묵주 기도에 의지하는 것입니다."

"묵주를 갖고 기도하는 것처럼 10개의 손가락으로 묵주 기도를 할 수 있습니다. 묵주 기도를 하기 위해서는 시간만 있으면 됩니다. 나는 묵주 기도를 많이 했습니다. …… 하루 종일 사람들에 대해서 걱정하는 대신에 묵주의 기도로 그들을 도울 수 있습니다. ……

언제나 늘상 나와 함께했던 위대한 벗은 묵주 기도였습니다. 그것이 내가 가장 필요로 하는 것을 채워 주었습니다. … 15단의 신비들은 분명하고 온전하게 종교의 큰 핵심적인 진리들을 재음미할 수 있게 해 주었습니다. ……

묵주 기도는 다른 방법들이 없을 때 나를 지탱해 주었습니다. 묵주 기도는 어떤 문제에 빠져 있을 때마다 내게 도움을 주었습니다. 묵주 기도는 감옥 생활 내내 나의 끊이지 않는 생명선이었습니다."

8. 페르디난드 포슈 장군은 제1차 세계 대전이 낳은 위대한 장군들 가운데 한 사람이다. 그의 어머니는 루르드의 성 베르나데타와 친구였는데, 항상 베르나데타와 함께 마사비엘(Massabielle) 동굴에서 묵주 기도를 드렸다. 그

녀는 페르디난드에게 묵주 기도와 성모님을 특별히 사랑하라고 말하였다. "항상 열심히 묵주 기도를 하여라. 하루도 거르지 말고 묵주 기도를 드려라."라고 말하곤 했다. 매일 저녁 그들은 함께 묵주의 기도를 바쳤다.

제1차 세계 대전이 터지자, 그녀의 아들은 프랑스 군대를 이끌었고, 그가 이룬 큰 승리들은 그가 매일 열심히 묵주 기도를 드린 덕택이다. 포슈 장군은 묵주를 쥐고 임종했다.

9. 《우리의 일요 방문객》(Our Sunday Visitor)에서 나는 묵주 기도가 한 사제를 다시 사제 생활로 돌아오게 만든 이야기에 주목했다. "사제 생활로 다시 돌아오게 된 것은 묵주 기도 덕택이라고 말하면서, 윌리엄 블레즈윅 신부는 몬도비에 있는 성심 성당에 모인 회중들 앞에서 자신이 믿음을 잃었다가 다시 회복하게 된 이야기를 들려주었다."(89년 5월 14일)

묵주 기도의 힘! 묵주의 기도가 그토록 강한 힘을 갖는 이유는 주님의 삶의 신비를 묵상함으로써 우리가 변화하기 때문만이 아니라, 성모 마리아가 묵주 기도를 자신의 기도로 만드시어 우리와 함께 기도하시기 때문이다.

성모송에서, "천주의 성모 마리아님, 저희 죄인을 위하여 빌어 주소서."라고 기도할 때, 성모 마리아는 우리의 요청에 응하여 우리의 기도에 자신의 기도를 융화시켜 묵주의 기도를 매우 강력하게 만드신다. 성모 마리아는 한번은 곱비 신부에게 "너희는 나에게 너희를 위해 기도해 달라고 50번이나 요청한다. 나는 너희의 기도를 듣고 너희와 함께 기도드린다. 성자 그리스도는 나의 기도를 거절하지 못할 것이기 때문에 너희의 기도는 매우 강력해진다."라고 말씀하셨다.(성모님께서 지극히 사랑하시는 당신 사제들에게 #275)

몽포르의 루도비코 성인은 다음과 같은 글을 썼다.
"죽기까지 열심히 묵주 기도를 드리면, 너희의 무거운 죄에도 불구하고, '너희는 꺼지지 않을 영광의 관을 받을 것'임을 나는 확신한다. 너희가 지옥의 문턱에 있다 해도, 지옥에 한 발을 내디뎠다 해도, 너희의 영혼을 악마에게 팔았다 해도 …… 조만간 너희는 회개하게 될 것이고 삶을 고쳐서 너희의 영혼을 구할 것이다. 너희가 내가 말하는 것에 주의를 기울여서 너희의 삶에서 묵주 기도를 매일 열심히 잘 드리면……."(p.12)

성인들은 하늘 나라로 들어가리라고 약속하는 표시인 묵주 기도를 매일 드리라고 권했다. 그리고 성인들의 글에는 교리상의 오류가 없다.

6장
여러 국가들이 체험한 묵주 기도의 힘

성모님은 기도를 통하여, 특히 묵주 기도를 통하여 하느님에게 돌아와야만 평화가 오게 될 것이라고 반복해서 말씀하셨다. 하지만 많은 사람들이 아직도 성모님의 말씀에 귀를 기울이지 않고 있다. 그래서 이제는 말보다 행동으로 더 크게 말씀하신다. 아래의 이야기들은 성모님께서 일본, 오스트리아, 브라질, 러시아에서 하신 일들이며, 우리는 힘을 모아서 모든 가톨릭 신자들이 매일 묵주 기도 드리는 일을 시작해야 하며, 가능하다면 가족 단위로 기도해야 한다.

1. 성모님이 일본에 말씀하신다: 히로시마의 묵주 기도

1945년 8월 6일 오전 2시 45분에 B-29기가 일본에 원자 폭탄을 떨어뜨리기 위해 티니안(Tinian) 섬을 이륙했다. 오전 8시 15분에 폭탄은 히로시마에 있는 예수회의 성모 승천 성당에서 몇 블록 떨어진 8개 도시에 떨어졌다. 오십만 명이나 되는 사람들이 사라졌다. 남은 것이라곤 어둠, 피, 화상, 신음, 불길뿐이었고 공포가 퍼져 나갔다.

그러나 성당과 성당에 있던 4명의 예수회 신부들은 살아남았다. 휴고 라살레 신부, 클라인조르게 신부, 시슬릭 신부와 쉬퍼 신부이다. 전문가에 의하면, 신부들은 폭발 지점으로부터 반경 1마일 이내의 가장 치명적인 지역에 있었기 때문에 '당연히 죽었어야' 했다. 그로부터 9일 후인 8월 15일 성모 승천 대축일에 평화가 찾아 왔다.

그들의 기적적인 생존, 성모님께 대한 그들의 신심, 성모 승천에 봉헌된 성당은 그들이 살아남은 것이 단지 우연이 아님을 분명하게 알려 주며, 성모님과 성모님의 기도의 힘을 가르쳐 준다. 그리고 원자 폭탄에 대한 그들의 대응으로 일본의 평화를 위한 로사리오의 십자군을 탄생

시킬 수 있었다.

강물의 힘을 생각해 보자. 강은 작은 물방울들, 무수히 많은 작은 빗방울들로 구성되어 있다. 이 작은 물방울들이 합쳐져서 거대한 강을 이루어 무거운 선박들이 지나다니게 하고, 메마른 사막을 열매가 맺히는 농장이나 정원으로 변화시킨다.

마찬가지로 묵주 기도의 십자군과 전 세계의 무수히 많은 사람들이 드리는 묵주 기도가 평화를 위한 거대하고 불가항력적인 영적 힘이 되는 것이다.

2. 오스트리아: 기적적인 러시아 군대의 철수

제2차 세계 대전이 끝나갈 무렵에 연합국들은 비열한 짓을 했다. 가톨릭 국가인 오스트리아를 러시아에게 넘겨 준 것이다. 오스트리아인은 3년 동안 러시아의 지배를 참아 냈으나 더 이상은 참을 수가 없었다. 그들은 러시아인들이 그들 국가에서 물러가기를 원했다. 하지만 오스트리아가 무엇을 할 수 있었을까. 러시아의 인구 2억 2천만 명에 비해 오스트리아의 인구는 고작 7백만 명이었다.

그때 베드로 신부는 오스트리아의 돈 존(Don John)을 떠올렸다. 3대 1로 수적으로 약세였던 돈 존은 교황청의 함대와 베네치아와 스페인의 군함을 이끌고 레판토에서 터키인들과 싸워서 묵주 기도의 힘으로 기적적으로 터키인들을 격파했다. 그래서 베드로 신부는 러시아에 대항할 로사리오의 십자군을 요청했다. 그는 십일조를 요청했는데, 러시아가 물러가도록 오스트리아 인구의 1/10인 7십만 명이 매일 묵주 기도를 드릴 것을 서약해 달라고 했다. 7십만 명이 서약했다.

7년 동안 오스트리아인은 묵주 기도를 드렸다. 그리고 1955년 파티마 발현 기념일인 5월 13일에 러시아는 오스트리아를 떠났다.

이 사건은 오늘날까지도 군사 전략가와 역사가들을 당혹스럽게 만들고 있는 일이다. 왜 공산주의자들이 철수했을까? 오스트리아는 유럽 서쪽으로 들어가는 문으로 전략적인 위치에 있는 나라이며, 광물이 풍부하고 석유 자원이 풍부하지 않은가? 그들에게는 수수께끼 같은 일이었다.

전에 파티마의 성모상 전국 순례 운동의 후견인을 맡았던 알 윌리엄즈는 언젠가 다음과 같은 이야기를 했다. "신부님, 저는 오스트리아인입니다. 저는 테레사 뉴만이 죽기 3달 전에 그녀를 방문했습니다(1962년 6월 18일). 내가 그녀에게 한 질문은 '왜 러시아인들이 오스트리아를 떠났나요?' 하는 것이었습니다. 그녀는 '그것은 바로 오스트리아인들의 묵주 기도 덕분입니다.'라고 대답했습니다."

바꾸어 말해서, 성모님의 묵주 기도는 헝가리의 자유 투사들이 2만 5천 명이나 죽고도 이루지 못한 일을 이룬 것이다. 19세기의 유명한 작가이자 외교관인 존 코르테스는 다음과 같이 말했다. "기도하는 사람들은 전투를 하는 사람보다 세상을 위해서 더 많은 것을 합니다. 세상이 점점 험악해지는 것은 기도보다 싸움을 더 많이 하기 때문입니다."

3. 브라질: 왜 쿠바처럼 되지 않았을까?

〈리더스 다이제스트〉 1964년 11월호에 '스스로 구원한 나라'라는 제목의 글이 실렸다. 무대는 쿠바처럼 브라질이 전복되는 1961년이었다. 그런데 누가 공산 정권으로의 이양을 좌절시켰을까? 묵주 기도를 드리는 브라질 여성들이었다! "여성들이 없었다면, 우리는 브라질이 공산화되는 것을 막을 수 없었을 것입니다."라고 한 반혁명 지도자가 말했다.

1962년 중반 무렵의 어느 날 밤, 도나 아멜리아 바스토스(Dona Amelia Bastos)는 그녀의 남편과 반공산주의자들이 부상하는 공산주의의 위협에 대해 토론하는 것을 듣고 있었다. "저는 급히 결심했어요. 정치가 너무 중요해져서 남자들에게만 전적으로 맡길 수가 없었어요. 게다가 나라에 무슨 일이 일어났을 때 우리 여자들보다 더 위험에 처할 사람은 누구일까요?"라고 그녀는 말했다. 그녀는 CAMDE(민주주의 여성 운동, Campaign of Women for Democracy)를 결성했다. 벨로 호리존테에서 2만명의 여성들이 큰 소리로 묵주 기도를 암송해서 그곳에 모인 좌파 모임을 해산시켰다. 상 파울루에서는 브라질 역사상 가장 감동적인 시위로 6십만 명의 여성들이 모여 묵주 기도를 드려서 공산 혁명에 몰락의 종을 울렸다.

묵주를 손에 들거나 목에 걸고 묵주 기도를 드리는 여성들은 1300단어의 선언문을 발표했다.

하느님께서 주신 있는 그대로의 놀랍고 경이로운 이 나라가 극단적인 위험에 처해 있습니다. 우리는 그리스도교 신앙이 없고 양심의 가책이 없는, 끝없는 야심을 가진 사람들이 우리의 경제를 파괴하고 우리 사회의 평화를 혼란에 빠뜨리면서 미움과 절망을 가져오도록 했습니다. 그들은 우리나라에 침투했고, 정부와 군대 그리고 심지어 교회에까지 침투했습니다. ……

천주의 모후여, 쿠바, 폴란드, 헝가리와 다른 속박된 국가에서 순교한 여성들의 운명과 고통에서 우리를 보호하소서!

미국에서 들리는 소리와 비슷하지 않은가? 파티마의 성모님은 자신의 요청에 귀를 기울이지 않으면 러시아가 저지른 과오가 전 세계에 퍼질 것이고, 미국도 예외가 아닐 것이라고 말씀 하셨다. 그런데 그 과오가 이미 미국에서 일어나고 있다. 미국인들이 또 다른 삶의 형태로 동성연애를 지지하고, 태아를 죽이는 권리를 수호하리라고 그 누가 생각했겠는가? 미국의 대법원이 학교의 종교 교육을 불법이라 하고, 노골적인 포르노를 합법이라 하는 등의 일들을 누가 생각이나 했겠는가?

여기서 미국의 여성들보다 더 위험에 처한 사람은 누구인가? 하느님께서 브라질의 여성들처럼, 미국의 여성들이 미국을 파괴하려는 세력들을 몰아내는 선두 주자가 되게 해 주시기를 빈다. 미국의 여성들이 성모님이 권하신 무기, 브라질 여성들이 사용했던 무기인 묵주의 기도를 사용하게 하시길! 개인의 묵주 기도뿐만 아니라 가정의 묵주 기도를 드리게 하시길! 왜냐하면 가정이 위협받고 있기 때문이다.

4. 성모님이 러시아에게 말씀하신다

1) 1960년 10월 30일

많은 사람들이 니키타 흐루쇼프가 1960년 10월 UN에서 "미국을 묻어 버리겠다."고 떠벌린 일을 기억하고 있다. 그는 자신이 떠벌린 말들을 더 강하게 표현하고자 공포에 휩싸인 세계 의회 면전에서 구두를 벗어서 단상을 두드렸다.

이것은 근거 없는 허풍이 아니었다. 흐루쇼프의 지휘 하에 소련의 과학자들이 핵 미사일을 연구하고 있고 이제 연구를 완결하여, 1960년 11월 볼셰비키 혁명 43주년에 흐루쇼프에게 선사할 예정이었다.

그런데 이때 한 사건이 발생했다. 교황 요한 23세가 루치아 수녀에게 맡겨진 파티마의 세 번째 비밀을 공개한 것이다. 교황은 레이리아(파티마) 주교가 세계의 모든 주교들에게 서한을 보내서 러시아의 회개와 세계 평화를 위해서 기도와 참회를 하고자 1960년 10월 12-13일 밤에 열리는 파티마의 순례에 동참하도록 초대할 것을 정식으로 인가했다.

10월 12-13일 밤에, 약 1백만 명의 순례자들이 파티마 코바 다이리아의 야외에서 성체를 앞에 모시고 기도와 참회 속에서 밤을 지새웠다. 그들은 뼛속까지 얼어붙게 하는 빗줄기에도 불구하고 기도에 전념했다.

동시에 전 세계에 걸쳐 적어도 300개의 관구들이 이에 동참했다. 교황 23세는 이 전례 없는 보속의 밤에 참여하는 모든 이들에게 특별 강복을 보냈다. 그러자 여기서 일이 일어났다. 구두로 책상을 두드리던 에피소드가 있던 날 바로 직후인 10월 12-13일 사이의 밤에, 흐르쇼프는 이어지는 모든 일정을 취소하고 가방을 챙겨서 서둘러 모스크바행 비행기를 탔다. 그 이유가 뭘까?

핵 에너지 분야의 최고 두뇌인 마셜 네델린과 몇 명의 관료들이 흐르쇼프에게 선사하기로 한 미사일을 마지막으로 시험하고 있었다. 카운트다운이 끝났을 때, 어떤 이유에선지 미사일은 발사대를 떠나지 못했다. 15-20분이 지난 후, 네델린과 다른 사람들이 전부 보호소에서 나왔다. 그러자 그때 미사일이 폭발해서 300명이 넘는 인명 피해가 났다. 이로 인해 러시아의 핵 계획은 20년 뒤로 후퇴했고, 전면 핵전쟁과 미국의 매장을 막을 수 있었다. 이 일은 전 세계의 가톨릭 신자들이 성체 앞에서 무릎을 꿇고 파티마의 묵주의 여왕 발치에 모여 있던 그날 밤에 있었던 일이다. 성모님은 핵전쟁을 원치 않으신다.

2) 1984년 5월 13일

1984년 5월 13일에 파티마의 성모님 발현을 기념하기 위해 대규모의 군중이 파티마로 모여들었다. 바로 그날 대규모의 폭발로 인해 전쟁 시 NATO의 해로를 차단하는 임무를 맡은 소련의 최강 함대인 노던 함대의 지대공 미사일과 함대함 미사일의 2/3가 파괴되었다. 런던의 〈주간 제인즈 방위〉에 따르면, "이 사고는 제2차 세계 대전 이래 소련 해군에 일어난 가장 큰 재난"이었다. 그러므로 이제 성모님의 약속과 힘을 보다 더 확신할 수 있지 않은가?

3) 1986년 4월 28일

많은 사람들이 우크라이나의 체르노빌 재난에 대한 글을 읽은 적이 있을 것이다. 직접적인 피해는 약 27억 달러이다. 1,000평방 마일의 농지 오염을 합치면, 간접적인 피해액은 훨씬 더 많아진다. 하지만 가장 지대한 영향은 러시아인들에게 미친 영적인 영향이다.

한 저명한 러시아 작가는 체르노빌이란 단어는 우크라이나 말로 '쑥'(러시아의 시골에서 강장제로서 사용되는 쓴 약초)임을 지적했다. 그리고 그는 묵시록에 하늘로부터 큰 별 하나가 떨어져 바다의 1/3을 쓴 물로 만들었고, 그 별의 이름은 '쑥'이었다고 쓰여 있는 것을 보았다(묵시 8,10-11).

체르노빌의 재앙과 묵시록의 말씀의 이 연관성은 무서운 속도로 러시아 전역에 퍼져나가서, 체르노빌은 거의 초자연적인 수준의 재앙으로 인식되게 되었다. 특히 그리스도교가 서기 998년에 바로 그 체르노빌 지역에서 러시아 민족에게 전파되었다는 사실에 러시아 사람들은 큰 충격을 받았다.

4) 1988년 5월 12일

1988년 5월 18일, 연합통신은 '러시아의 유일한 모터 공장이 폭발사고로 폐쇄되었다'라는 기사를 보도했다. "미국 관료들에 따르면, 대규모 폭발로 인해 첨단 장거리 핵미사일의 핵심 로켓 모터를 제조하는 러시아의 유일한 공장이 폐쇄되었다."라는 기사 내용이었다. 미국 국방부는 이 사고가 5월 12일에 발생했고, 모스크바에서 남동쪽으로 약 500마일 거리에 있는 우크라이나의 "파블로그라드의 한 소련 추진체 공장 내 여러 동의 건물들이 파괴되었다."라는 성명서를 발표했다.

이 사고가 발생하기 바로 직전인 1988년 5월 3일, 미국에서는 SS-24의 핵심 로켓 모터로 사용되는 암모니아 과

산소산염을 다루는 네바다 공장에서 폭발사고가 발생했다. 다시금 성모님이 보속의 묵주의 기도에 대한 응답으로 핵전쟁을 막아 주시는 것이 아닐까?

5. 성모님이 미국에 말씀하신다.

하느님은 항상 우리의 한계에 당신을 맞춰 주신다. 예수님이 탄생하시던 날 목자들에게 말씀하시기 위해 하느님은 천사들을 이용하셨고, 동방박사들에게 말씀하시기 위해 별을 이용하셨다. 그리고 미국에게 말씀하시기 위해 하느님은 우리의 일상적인 의사 전달 수단인 주간지를 이용하셨다. 즉, 1989년 6월 12일자 〈뉴스위크〉와 1989년 8월 7일자 〈U. S. 뉴스〉를 이용하신 것이다.

〈뉴스위크〉에 미국인이 우방국들에게 핵에 관해 도움을 준다는 기사가 실렸다. 미국법은 자국의 기밀 정보를 다른 국가와 공유하는 것을 금지하고 있다. 미국 과학자들은 "적대적 지침"이라고 칭하며 이 법망을 프랑스와 함께 교묘히 피해 갔다.

예를 들면, 프랑스가 다중 독립 과녁 핵탄두를 개발할 때, 미국은 그에 대한 정보를 우회적인 방법으로 알려 주었다.

프랑스가 "노력했지만 일이 잘 진척되지 않았습니다."라고 말하면, 미국은 "다른 방법들이 있습니다."라고 답해 주었고, 이에 프랑스가 "다른 방법들이 있다고요?"라고 물으면서, 이 질의응답은 미국이 말하고 싶은 답변이 도출될 때까지 계속 이어졌다.

〈뉴스위크〉는 6월 12일자 기사에 프랑스가 태평양에서 핵실험을 하는 사진을 실었다. 사진 아래 설명글에는 "다른 방법은 없는가? 프랑스, 태평양의 무루로아 섬에서 실험하나?"라는 내용이 있었다.

이 사진에서 십자가에 달리신 예수님의 모습과 성모님의 모습을 확연히 알아볼 수 있다. 십자가에 달리신 예수님의 모습이 폭탄의 빨간 불기둥 속에 나타나 있다. 그리고 그 오른편에 있는 하얀 섬광(폭발 시의 구름 덩어리)은 성모님의 윤곽이다. 성모님은 마치 위 기사의 "다른 방법은 없는가?"라는 질문에 대답하려고 거기에 계시는 듯하다.

성모님은 "핵전쟁 외에 다른 방법이 있다. 그것은 나의 방법이다. 곧 묵주 기도이다."라고 대답하신다.

 물리학을 배우면서 흰 불꽃은 빨간 불꽃보다 더 뜨겁다고 배웠다. 성모님은 핵 버섯의 시뻘건 화염과 대조되는 하얀 빛 속에 계신다. 오늘날 성모님은 이처럼 극적인 방법으로 말씀하신다. 1917년 10월 13일, 태양이 빙빙 돌고 요동친 파티마에서도 그리하셨다. 그 말씀은 "하느님은 어떠한 원자폭탄보다 더 강력하다. 너희는 평화를 원하느냐? 자, 그것은 폭탄, 원자폭탄 혹은 핵에 있지 않고 내 손 안에 있다. 정말 다른 방법은 모든 인류의 어머니의 방법인 나의 방법이다."

⟨U.S 뉴스 앤드 월드 리포트⟩(1989년 8월 7일자)는 한 핵폭발 사진을 '미국 최후의 날 프로젝트'라는 논설과 함께 두 차례 게재했다. 이 논설의 부제는 '미국은 핵전쟁이 일어날 경우를 대비하여 비밀 생존 전략을 세웠다'였다. 성모님이 얼마나 유머 감각이 있으신가! 성모님은 "다른 방법이 있다. 미국을 위한 비밀 생존 전략이 있다. 그것은 묵주의 기도로 나에게 돌아오는 것이다."라고 말씀하시

는 것 같다.

1989년 8월 14일에 한 일본인 과학자가 가이거 방사능 측정기를 메주고리에의 발현산으로 가져가서 방사능을 측정했다. 평상시의 방사능 수치는 10이다. 성모님이 오후 10시 30분에 산에 발현하셨을 때, 측정기는 300,000을 기록했다. 이것은 핵폭탄의 중심부에 해당하는 수치이다.

다시 성모님은 말씀하신다. "나는 핵폭탄만큼이나 강력하다. 너희 미국인들은 너희 자신을 너무 지나치게 믿고 있다. 너희는 너희의 기술인 핵폭탄이 해결책이라고 생각한다. 그렇지 않다! 핵폭탄을 믿지 마라. 폭탄은 파괴를 가져올 뿐이다. 다른 방법이 있다. 나다! 나를 믿어라! 내가 평화를 가져다주겠다!"

파티마 성모님의 마지막 발현 71주년 기념일인 1988년 10월 13일, 성모 마리아는 곱비 신부를 통하여 당신의 사제들에게 다음 메시지를 재차 말씀하시어 그때의 발현을 상기시키셨다. "나는 거룩한 묵주의 여왕이고, 나의 확실한 승리의 징표로 너희 모두를 강복한다(성모님께서 지극히 사랑하시는 당신 사제들에게, #391). 성모님의 확실한 승리의 징표는 묵주 기도이다. 성모님은 파티마에서 그것을 약속하셨다. 그리고 71년 후 그곳에서 다시 같은 말씀을 하셨다.

…… 자주 거룩한 묵주 기도를 드려라! 그러면 강력한 붉은 용이 이 사슬에 묶여서 그의 활동은 점점 더 제한될 것이다. 결국에는 무력해져서 해를 끼치지 못할 것이다.
나의 티 없는 성심의 승리의 기적은 모든 이들에게 현시될 것이다(성모님께서 지극히 사랑하시는 당신 사제들에게, #275; 83년 10월 7일 곱비 신부에게).

그리고 이 말씀은 동유럽 공산주의의 몰락으로 증명되었다. 어떻게 달리 이 놀라운 현상을 설명할 수 있을까? 이 사건을 일어나게 한 것은 군대도, 정치인도, 대중매체도 아니다. 이런 일을 가능하게 만든 사람은 파티마에서, 메주고리에에서, 그리고 그 밖에 장소에서 희생과 기도 그리고 묵주 기도로 요청에 응답한 바로 그 평범한 수백만 명의 사람들이다!

부록
묵주의 기도: 평화의 무기
(낙태에 대항할 무기)

낙태에 대항할 가장 효과적인 무기는, 개인적으로 드리는 것이든 공동으로 드리는 것이든 상관없이 기도, 특히 묵주 기도라 할 수 있다. 묵주 기도는 많은 생명을 구원할 수 있고 미국인들을 회개시킬 수 있는 무기이다. 공적으로 드리는 묵주 기도는 생명 수호 운동을 위한 기도이어야 한다.

낙태는 단지 법적인 문제가 아니라 도덕적인 문제이다. "사람에게 복종하는 것보다 오히려 하느님께 복종해야 하지 않겠습니까?"(사도 5,29) 미국인들이 그들의 유다-그리스도교의 가치를 회복해야 해결될 수 있는 문제다.

하느님만이 이러한 회개를 완수하실 수 있으시고, 우리가 그분께 기도드리면 그분은 이루어 주실 것이다.

나는 지난 2년 동안 낙태를 멈추기 위해 매주 1시간씩 묵주 기도 15단을 드릴 것을 요청함으로써 영원한 묵주 기도의 십자군 활동을 촉진시켰다. 그 반응은 놀라웠고 은혜로웠고 명백하게 성공적이었다.

우리는 평화를 위해 묵주 기도를 드리는 십자군을 확산시키고 싶다.

묵주 기도는 놀라운 무기이다. 묵주 기도는 1571년에 레판토에서 전함을 침몰시켰다. 묵주 기도는 1955년에 러시아를 오스트리아에서 철수시켰다. 묵주 기도는 1962년에 브라질의 공산화를 막아 주었다. 1980년대에 필리핀의 페르디난드 마르코스 대통령을 권력에서 몰아 낸 무혈 혁명은 상당 부분 묵주 기도의 덕분이라고 기록되어 있다.

묵주 기도는 세상에 평화를 가져올 수 있는 무기다.
(이는 성모님이 파티마에서 명백히 하신 말씀이다.)
미국과 세상에서 악의 흐름을 되돌리기 위해, 묵주

기도의 십일조를 하느님께 봉헌해야 한다. 미국의 가톨릭 신자 중 10%가 영원한 로사리오의 십자군에 동참한다면, 사탄의 악은 미국과 세상에서 괴멸될 것이다.

영원한 로사리오의 십자군에 가입해 주세요. 매주 한 시간씩 기도할 것을 서약해 주십시오! 매주 서약한 시간에 묵주의 기도 15단을 드릴 것을 서약해 주십시오.

"세상의 평화를 얻기 위해서 매일 묵주 기도를 드려라."(파티마 성모님 1917)

"나는 모든 이를 위해 은총과 자비를 구하고자 …거룩한 묵주 기도를 자주 바치기를 간절히 바란다."(1987년 6월 10일 성모님이 곱비 신부에게)

기도에는 칼도
강력한 총검도 없다.
이웃을 짓누르는 위협도 없다.
그 발아래 모든 것들이 무너지면,
기도가 승리할 것이다.